अव्यक्त

अव्यक्त

नवीन मिश्र

लोकभारती प्रकाशन

लोकभारती प्रकाशन
पहली मंजिल, दरबारी बिल्डिंग, महात्मा गाँधी मार्ग
इलाहाबाद-211 001

वेबसाइट : www.lokbhartiprakashan.com
ईमेल : info@lokbhartiprakashan.com

शाखाएँ : 1-बी, नेताजी सुभाष मार्ग, दरियागंज
नई दिल्ली-110 002
अशोक राजपथ, साइंस कॉलेज के सामने
पटना-800 006 (बिहार)
36-ए, शेक्सपियर सरणी
कोलकाता-700 017

मूल्य : ₹ 350

प्रथम संस्करण : 2018

आस्था पेपर कन्वर्टर
इलाहाबाद द्वारा मुद्रित

AVYAKT
by Navin Mishra

ISBN : 978-93-86863-65-2

ईश्वर की शक्ति से उत्पन्न
यह संग्रह
ईश्वर को ही समर्पित

तुम्हारे प्रेम की अभिव्यक्ति
अव्यक्त है।
मै समर्पित करता हूँ
प्रेम का अव्यस्त रूप
(स्व.) डॉ. गिरीश चन्द्र मिश्र
(स्व.) श्रीमती कृष्णा मिश्र
मेरे माता पिता

-नवीन मिश्र

आत्मकथ्य

अभिव्यक्ति किसी भी कला से और उसका सृजन उसके स्वयं के परिवेश से होती है। जो भी व्यक्ति के साथ होता है वह उन सभी अनुभवों को अपने तरीके से व्यक्त करता है। यह उसका साहित्य है। यह सबके साथ होता है। मैंने कभी नहीं सोचा था कि मैं कभी स्वयं को इस प्रकार व्यक्त कर पाऊँगा। **कई प्रकरण जीवन में ऐसे होते हैं जब व्यक्ति अन्तर्मुखी हो जाता है आत्मचिन्तन की प्रक्रिया से दो-चार होता है।** उसको लगता है कि जो कुछ सोच रहा है अगर उसे वह काग़ज़ पर लेखनी के रूप में रचे जो जनमानस उसके विचारों से लाभान्वित हो सकता है। समाज को लेखन के रूप में वह कुछ देना चाहता है। जब यह प्रक्रिया एक बार शुरू होती तो फिर वह नये-नये आयाम छूती है। **कई बार स्वयं को लगता है कि क्या यह सचमुच मैंने लिखा है? एक मोड़ पर आकर यह दैवीय शक्ति से अनुगृहीत हो जाता है। मैंनें लिखा है कि कविता किसी सुदूर तारागणों के पास से उन्हीं की धूल से अटी धरती तक पहुँचती है, वह मुझमें बस जाती है। कविता मेरी हो जाती है, बस कविता हो जाती है।** अथवा कहाँ मैं सरहदों का प्रहरी, गोली बन्दूकों की भाषा सुननेवाला व्यक्ति कविता करने लगा। यह कहीं-न-कहीं मेरे बचपन, मेरे परिवार, मेरे परिवेश का चित्रण-मात्र है। **मेरा योगदान सिर्फ इतना कि मैंने ईमानदारी से उन क्षणों का, उन सम्बन्धों का चित्रण किया। वही लिखा जो सत्य था, जो पवित्र था और जो लेशमात्र भी कृत्रिम न था।** जब आप एक सात्त्विक प्रयास करते हैं तो अच्छे व्यक्ति अपने-आप जुड़ने लग जाते हैं। वे आपका मनोबल बढ़ाते हैं आपके कार्य की वास्तविक समीक्षा कर उसके गुण-दोषों से अवगत कराते हैं। आपको निरन्तर निखारते हैं। एक समय ऐसा भी आता है कि आप अपना लिखा बार-बार पढ़ते हैं और हर बार वह अच्छा लगता है। यह वह समय होता है जब आपको स्वयं लगता है कि आपने बहुत-कुछ अच्छा लिखा है। जरूरी नहीं कि आपकी बात और उसकी सच्चाई लोगों को भाये। हो सकता है लोग उसको सुनकर उतने उत्साहित न दिखें पर उसमें हतोत्साहित होने जैसा कुछ भी नहीं। अच्छा काम मेहनत से किया, कभी बेकार नहीं जायेगा। उसका समय आज नहीं तो हो सकता है कल आये पर वह लुप्त हो जाये यह सम्भव नहीं, ऐसी मेरी धारणा है।

अन्त में मैं उन सभी गुणीजनों का आभार प्रकट करता हूँ जिन्होंने अपने योगदान से मुझे सम्बल दिया। मैंने जब भी कविता-पाठ किया तब-तब एक व्यक्ति अवश्य मिल जाता था कहता कि आपकी रचना मन को छू गयी। मैं इस, 'एक व्यक्ति' का ऋणी हूँ। इस व्यक्ति को मैं जानता नहीं। वह हमेशा अजनबी ही होता था। पर जरूरी बात यह है कि 'वह' था। मेरे प्रकाशक जो यह पुस्तक प्रकाशित कर रहे हैं उनका एक गौरवशाली इतिहास है। कई दिग्गज लेखक इस प्रकाशन के साथ समय-समय पर जुड़े। ऐसे दिग्गज जिनका नाम लेने की मेरी क्षमता नहीं, ऐसे प्रकाशन में प्रकाशित होना मेरे लिये अत्यन्त गौरव का विषय है। यह पुस्तक एक यात्रा है। मैंने जितना सुख इसे लिखने में पाया, शायद उतना सुख आप लोगों को पढ़कर मिले। यही प्रयास है। अव्यक्त रहने से अच्छा मैंने स्वयं को व्यक्त करना समझा। मैं स्वयं को भी एक विचार मात्र समझता हूँ जो कि सौभाग्यवश व्यक्त है।

मैंने ही लिखा है—एक विचार भर हूँ।
कहाँ संसार भर हूँ।

—नवीन मिश्र

अनुक्रम

बचपन

गलियों में घूम रहा हूँ
बचपन को ढूंढ रहा हूँ
कुछ खोयाखोया सा-
घर का छज्जा जिस पर
बचपन को लटके देखा
रघुपति राघव राजा राम
सुन के उठता बचपन
दस पैसे में तीन जलेबी
का आनन्द बचपन
स्कूल जाते सबको रूलाना
वापिस आकर पुलकित
माँ का आलिंगन करता
उसको पुनः रूलाता ऐसा
फला फूला ममता की छांव-
में मेरा बचपन।
एक साँस में सब कह दूं
इतना कम न थे वे पल

धीरे-धीरे ढूँढना है-
समय के बोझ के नीचे
दबा हुआ मेरा वो मन
इन गलियों में क्या ढूंढ रहा हूँ
अपना बचपन खोज रहा हूँ।।

परिपाटी

गलियों में घूम रहा हूँ
मन की है कुछ समय की
ये पीड़ा नयी सी
टीस इसमें बचपन की है।
यह लकड़ी का कमरा
मेरे कुछ अपनों ने
अपने हाथों से बनाया था
कई खेल मैनें यहाँ खेले
पटुआं पहले बहुत बोलता
इसलिए अब कम बोलता
सन्नू तन्दरूस्त था
अब कुछ बीमार रहता है
अन्नू बहुत बीमार, पर उबरा
पिता जी क्योंकि जीवित थे
इस बार नहीं बचा
पिता जो न थे
हम अपना जैसा कुछ
कर न सके

कर्म का निर्णय होगा
लकड़ी के कमरे में पड़े
जर्जर सोफ़े के निकले स्प्रिंग
आत्मा को चुभेंगे
मामका पांडुश्रैव की
परिपाटि जैसे।।

परछाईं

गलियों में क्यों घूम रहा हूँ?
आदत है बचपन की
वो आंगन देखते है
यहाँ गोल घूमता था
कभी ट्रायस्किल पर
कभी तपती दोपहरी में नंगे पांव
ये क्या? मैं गिर पड़ा, चोटिल
माँ नंगे पांव दौड़ी
मुझे चिपका लिया
मैं दर्द से रो रहा था
और वो न जाने क्यों?
मैं अब भी गिरता हूँ
पर तुम्हारे जैसा किसी ने
चिपकाया नही
मेरे दर्द से कोई कराहा नहीं
तुम्हें मेरी कई बार जरूरत थी
मैं दौड़ना चाहकर भी दौड़ा नहीं
अब जब तुम शेष हो

हर दौड़ से दूर
मैं निःशब्द देख रहा हूँ
मौन आंगन की घृणा और
उस घृणा के इकलौते वारिस
की परछाईं।।

अपनी बुनियाद ढूँढता हूँ

गलियों में घूम रहा हूँ
बचपन को ढूंढ रहा हूँ
पीछे छज्जे के देखिए
तीन दरवाज़े के भी पीछे
या फ़िर सीढ़ियों से
ऊपर चले आइएगा
अड्डे के बुलबुल सा
बंधा मिलेगा बचपन मेरा
घर की दरोदीवार से
पोंछता हुआ दादी का पसीना
जब वो घाम में चक्की पीसती
पोंछता पसीना माँ का जब
वो फुकिनी से चूल्हा फूँकती
इतनी मंहगी थी वो रोटी
जो मैनें खाई थी।
मेरा घर खंडहर है
फ़िर भी खड़ा है
मेरे पूर्वजों के पसीने
से जो सिंचा है।।

इसके आलों को खंगालना है
यहाँ मेरा बचपन रखा है
कहते हो कि क्यों घूमता हूँ?
अपनी बुनियाद ढूँढता हूँ।।

लोरी

जब घर के चारो तरफ़
जीवन से बुजबुजाती गलियां
सो जाती, मैं सो न पाता था
कोई मुझे कांधे से लगा
रेशम की डोरी शीशम का पलना
सुना के सुलाता था
ऐसा भी होता था आंगन में।
सुबह ईदगाह के पास
शमषी से दूध लाने जाते
गोद में मैं भी लटका रहता
कल ही की तो बात है।
आंगन में बिछे टट्टर के कोने
से मैं तुम्हें देख़ता हूँ
कांधे पर बच्चा लिए
टहल रहे हो
पर जानते हो कांधे पर
बच्चा मैं नहीं कोई और है
उसे तुम्हारे कांधे की

ज़रूरत ज़्यादा है
तुम आज भी लोरी सुना
रहे हो, किसी को प्यार
से थपकी दे सुला रहे हो
मैं तुम्ही से कह रहा हूँ
खुद को पहचान रहे हो।।

विश्वास

पुत्र तुम आये
हमारी दीपावली मनी
हम सब बच्चों के मानिन्द
तुम वापिस जाने लगे
बार बार चक्रवात
की चेतावनी
उस पर हवायी यात्रा
मैं डरा था
तुम्हें बताया नहीं
वो दिन याद आया
तुम मन्दिर में
खो गये थे
कितना भय
कितना अन्धकार
चमत्कार
तुम मिल गये
तुम्हारा मिलना
बिछुड़ना बहुत हुआ

कुछ ऐसा करें
की बिछोह
अब और न हो
तुम हमारे पास
हम तुम्हारे साथ
हर दिन
मिल कर
वो मन्दिर
की रात को
विस्मृत करें
तुम हीरे
की तरह
सदा के लिये हो
इसी बात का
विश्वास करें

प्रेम शाश्वत

ऐसा भी नही कि मैनें सब देखा है
पर बेसबब भी नहीं कर रहा हूँ
मेरा घर तब ऐसा वीराना न था
प्यार से पूरा परिवार रहता था
अभाव को प्यार में लपेट
अतिथियों का स्वागत होता
कोई घर से भूखा न जाता
एक–एक गहना बिका–
चेहरे पर एक शिकन नहीं
ये लोग जीवन से झूझते
एक दूसरे का हाथ थामे
जीवन को हर पल जीते
मेरे जीवनदायक एवं श्रद्धेय।
ये टूटते नहीं अगर अपने
यूँ मुंह न मोड़ते
अगर भूखे रहे तो अपनों ने रखा
उनका अपना प्रेम शाश्वत
लोग कहते हैं कि मरने वाले

के साथ मरा नहीं जाता
मैंने देखा कि जब वे शेष हुये
तो अपना साथी भी ले गये
जो पीछे रहा वह अपनी
परछाई मात्र था
वो मेरी माँ की बेवा तस्वीर
सुहागन मेरी माँ पिता जी
साथ ले गये, अपनो को कितना
जानते थे, पहचानते थे।

दादी

जब तुम चैके में बर्तन माँजती
मैं तुम्हारे गले में लटका रहता
घाम वाली दोपहरी में जब,
चक्की पीसती,
मैं सोचता इतना परिश्रम
दादी क्यों?
मुझे अपने पास सुलाने
के लिए कितने लड्डू रिश्वत
तुमने मुझे खिलाये!
पिक्चर के लिए मैनें
तुम्हारे बक्से से पैसें भी
कभी कभार लिए हैं!
तुम्हारी कोई भी प्रिय चीज़
अब नही है मेरे पास
लल्लू, अन्नू, चश्मा, बक्सा
सब न जाने कहाँ गये?
हाँ, रामायण मेरे पास है।
मैं आज भी जब सो नहीं पाता

तुम चुपके से एक लड्डू
खिला देती हो
मैं आराम से सो जाता हूँ।
अपने हाथ का पहरा रखना
आधी रात को
नही तो
माँ के पास भाग जाऊँगा।।

आओगे न?

घर से बाहर निकलते
अपना बस्ता मुझ पर लाद
तुम खाली हाथ चलते
खुशी होती तुम्हें यूं चलता देख
चलते-चलते नज़र से-
ओझल हो गये
मैं भी बूढ़ा हो गया हूँ
दो बस्ते लकर चल नही सकता
हो सके तो अपना बस्ता ले जाओ
या फिर से आओ
इस बार तुम अपना बस्ता खुद उठाना
आओगे न?
अपनो से रूठ कर कोई
ऐसे जाता है क्या?
पागल मैं तो तेरा बस्ता
भी उठाता था।।

देख हम भी तो जी रहे हैं

हम जो तेरी हर बात से मायने
निकालके सी रहे है
देख हम भी तो जी रहे है।
वैसे तो दुनिया की हर रस्म निभा रहे है
हकीकत में सिर्फ़ तेरी बाट जोह रहे हैं
देख हम भी तो जी रहे है।
सपनों को रफ़ू कर रहे है
बेलिबास ज़िन्दगी तेरा लिबास सिल रहे है
देख हम भी तो जी रहे है।
बाहर सावन की अलमस्त झड़ी है
प्यास को पर सहन कर रहे है
मजबूरी का वहन कर रहे है
देख हम भी तो जी रहे है।
बेरंग सी थी ज़िन्दगी
बाहर रंगों का बवाल था
बेरंग भी एक रंग है
ऐसा मान के चल रहे है
देख कि
हम भी तो जी रहे है।।

आंसू

तुम छुप के रोते थे अपने स्कूल में
मैं भी छुप के रोती थी तेरे स्कूल में
तुम सिसकी न भरते की दोस्त सुनेंगे
मैं सिसकी न भरती कि बड़े देखेंगे
बड़ी शालीनता थी उस अभिव्यक्ति में
कितने प्यारे लगते मोटे आंसुओ के बीच
मैं भी शायद लगती हूँगी तुमने देखा नही
मुझे तुम्हारी हर चीज़ से प्यार है, सिर्फ़ ये
कि तुमने देखा नहीं और ये कि आज भी
मैं बिल्कुल नहीं बदली हूँ और ये भी कि
तुम बड़े हो गये हो, आभा बदल गयी है
किसी को तेरे आंसू न दिखे न सही
मैं तेरे हर दुःख को आंचल के छोर
से पोंछा है बिना सिसकी लिये
उसी शालीनता से।

निशान

चलो वक्त की दीवार में एक सेंध लगाते है
चल तेरे बपचन को फ़िर से ढूंढ लाते है
देवदार की छांव में पलते वो तिरछे रास्ते
चलो चलते है उनपे जहाँ पहले कभी चले थे
कभी धर्मशाला में कभी मक्लोडागंज में
तब छोटे तुम मेरा हाथ पकड़ कर चलते थे
वो वीडियो गेम्स की अन्तहीन तालाश
कोने वाले कैफे में वो स्नैक्स, ब्रोसनन की
कम्पनी में और सूरज की ठंडी होती धूप
सब कुछ अभी भी वहाँ थमा खड़ा है
तेरे मेरे इन्तजार में समय कहाँ आगे बड़ा है
चलो ढूँढते है तेरे छोटे छोटे पांव के निशान
चलो इस बार मैं तुम्हारा हाथ पकड़ लूंगा।

बताओ माँ

वो मेरे साथ खेलते भी थे
वो मुझको पढ़ाते भी थे
वो पूरा परिवार देखते
और मैं सिर्फ़ उनको
कभी गलत बिस्तर पर सोता
उठा सही जगह लेटाते भी थे
वो जब सोये मैं समझ न सका
कौन सी है उनकी सही जगह
एक कलश था मेरी गोद में
वे जिनकी गोद में मैं खेला
बड़े विश्वास से गंगा मैय्या
तेरी अविरल धारा को सौंपा था
अनन्त की यात्रा में वो कहाँ है
तुम स्वर्ग से आयी हो
तुम ही बताये माँ।।

आँचल की छांव

धूधू जलती चिता में-
सबसे पहले तेरे वात्सल्य
का स्वर्गारोहरण हुआ माँ
नैसर्गिक प्रेम आंचल की छांव
तुम्हारे दुख तुम्हारी पीड़ा
सब धुआं धुआं हो गया
पीछे जो रह गये
अपने न निभाये वादों के साथ
समेट रहे थे तुझे
प्रवाहित करने को गंगा में
शायद पुनः मिली हो उनसे
बतायेगा कौन?
तुम स्वर्ग से आयी हो
तुम ही बताओ माँ।।

मोह के बंधन

बेटा तुम वापिस आये
सब कुछ बदल गया
माँ के तेरे चेहरे पर चमक
मैनें बरसों बाद देखी है
तुम दोनों का साथ मोहक है
तुम उसके गले लगे
समय थम गया
कुछ पुराना याद आया
जब पहली बार दूर हुये
पता चला हमारा ये मकान
घर तुमसे बनता था
आँखों की विवशता
जो कहती कहीं न जाओ
शब्द कहते ठीक है बेटा जाओ
ये मोह के बंधन है
और तुम्हारी विरासत भी।।

धूप–छाँव

पिता
आपकी छांव
सूर्य के होने को
झुठलाने सा था
सब कुछ
हमारे लिए
अपने लिए
कभी कुछ नही
निश्चिंत सोते थे
की आप थे
फिर एक दिन
आप न थे
मैंने ऊपर देखा
सूर्य प्रचंड
छांव वंचित
मैं व्यथित
तब किसी न कहा
सनातन का शोक?

नही भी करूं
पर उस स्पर्श
का क्या
जो अब नही
फिर देखा
नीचे मेरा पुत्र
मेरी छांव में
खेल रहा उसे
सूर्य न होने
का आभास
निश्चित वह
जैसे मैं था कभी
जीवन निरन्तर
अग्रसर है
एक धूप छांव
का खेल है

सुलह

यूँ तो हम दोस्त ज़्यादा थे
पर कमी खटक भी जाती थी
फ़िर दिन भर नज़रें बचा
पूरे घर में घूमना
इस इन्तज़ार में
पहले कौन बोलेगा
और माँ की आँखों में
व्याप्त व्याकुलता उस
सुलह के इन्तज़ार में।
आज तुम्हारी तस्वीर
पर निगाह अटक गयी
फिर वही ख़्याल आया
कि पहले तुम ही बोलोगे
बग़ल मे माँ अपने फोटो
की चैकोर परिधि से
उतनी ही व्याकुलता से
हम दोनों को देख रही थी
सुलह के बोल सुने के लिये
पर तुम नहीं बोले।

माँ

सम्बोधन नही
याचना है
जीवन की
उसके पोषण की
माँ
याचना है
त्याग की
क्योंकि तुम्हारा
हर न खाया
निवाला
मेरा रहा प्रेम प्रवाह
मे बहती रही
निरन्तर छांव
में जीती रही
मैं कुछ वापिस
दूं तो क्या
यह धन
कम है

प्रेम मेरा
बंटा हुआ
मेरे निश्चय
दृण नही
सेवा भाव नही
क्या दूं
ज्ञान नही
माँ संताप हूँ
संतान नही

मेरा प्यार

कभी मेरा प्यार तुम्हे कम लगे
मेरे आशीर्वाद का घेरा तंग लगे
तो मेरे कमरे में आना
ढूँढोगे तो मिलेगा
तेरे छोटे छोटे पाँव का एक मोज़ा
मेरे तकिये के नीचे
मेरी हर किताब में दबा
तेरी कापियों से चुराया
कोई न कोई पन्ना
मेरे गद्दे के नीचे अभी भी
दबी वो रबर शीट
जिसे आये दिन गीला करते
ढूँढना
तेरे प्यार में गीले
हम भी मिलेंगे तुझे
इसी कमरे में।

ढूँढ रहा हूँ

समय की डोरी पकड़
मैं ढूँढ रहा हूँ
अपने घर के आंगन
मन के आँगन का कोना
वह कोना जिसमें तुम
रोज़ अंगीठी जलाती
उस प्रेम
की आँच को तापते
खाते तेरा दिया
हर निवाला
उसी कोने में पहली बार
और अन्तिम बार देखा
तुम्हें उत्सव मनाते
हँसते नाचते
उसी कोने में खड़ा
देखना चाहता हूँ
वही झलक
संजो लूँगा
नहीं कर पाया
यह मैं पिछली बार

माँ

स्नेह
गर्भ में जब तुम हिल जाते थे
एक नया स्वप्न दिखा जाते थे
जो ओज था मेरे चेहरे पर
मेरी खुशियों का ध्योत्क था
फिर एक दिन एक पीड़ा को
माध्यम बनाया प्रकृति ने
तुमको प्रत्यक्ष देखने की आशा
नैसर्गिक और पीड़ा आनन्दायक
अस्पताल का कोलाहल
फ़िर किसी ने कहा तुम आये हो
जैसे अनन्त की अनुभूति
तुमने निश्छल आंखो से देखा
मैं करूणा सागर बन गयी
तुमको आलन्गित कर
मैं मीठी नींद सोयी
अब तुम्हारा साथ मेरी
मीठी नींद का पूरक है
तुम नही जानते स्पर्श अपना

तुम नही जानते
तुम्हारे कार्यों से थकना
मेरा प्रिय व्यसन है
मेरे पुत्र मेरे अनमोल रत्न
तुम ही
कान्हा तुम ही कृष्ण हो।

स्मरण

प्रिय पुत्र,
ज्ञात हो,
तुम हमें सब से प्रिय हो
हम निडर हैं
पर जब फ़ोन नही उठाते
हम डर जाते है
हमने तुम्हारी प्यारी बिल्ली
को देखा नही फिर भी
पुच्चि से प्यार है
तुम कितने बहादुर हो
अब अकेले रह लेते हो
हम भी अकेले सो लेते है
तुम्हारी लंगुटि वाली फोटो
देखकर खुश हो लेते है
कापुटि और तुकाबम कैसे है
वो भी तुम्हारी तरह प्यारे है
तुम्हारा बंदर बारनी ने फाड़ दिया
दीपावली की फुलझड़ियों से डरते

क्या अन्य फुलझड़ियों से भी डरते हो
अंग्रेजी से डरने वाले तुम
एन्कारिंग करते हो
शेष फ़िर कभी
स्मरण रहे हम तुम्हारे साथ है
तुम हमारे पूरक हो
हमारी संतान हो
आयुष्मान हो।

वैलेन्टाईन्स डे

उजला चाँद सा तेरा अक्स
कुछ धुंधला धुंधला सा याद है
एक कसक एक टीस सी
तुम मुझमें अभी भी जीवित हो
अनायास ही खो गयी
खोया मिल भी जाता है
हो सकता है
एक कार्ड तुम लिखो
और मिले मुझे तेरा पता
और पूछूँ तुमसे इस प्रीत पर्व पर
क्या बनोगी मेरी प्रियतमा
एक बार
फिर से।।

वसीयत

बेटा
वसीयत में
न तो रियासत
और न तो सियासत
है मेरे पास
वो काग़ज जिसमे
माँ के गर्भ में तुम्हारे
होने की पुष्टि है
वो तुम्हें दूंगी
वो काग़ज़
जिसमे तुमने
पहला अक्षर लिखा
सुरक्षित है
अनमोल है मेरे लिये
पर तुम्हें दूंगी
पहला रिपोर्ट कार्ड
जिसमे कुछ
लाल लकीरें भी है

इस रंग से प्यार करने
पर विवश किया
वो भी शायद दूं
स्कूल जाने में
कितना रोते थे
क्या तुम्हें मालूम है
हमारी भी आंखें
छलकती थी
हम तीनों के आंसुओं
से धुला हुआ
तुम्हारा लिखा
पहला वाक्य
महाकाव्य
तुम ले लेना
इसके अलावा
अगाढ स्नेह
तुम्हारा स्पर्श
मेरी भावनाएं
ढेर सारा आशीर्वाद
मेरी वसीयत में
तुम्हारे लिये है
अपना लेना।

माँ

कितने दुःख से तुमने पुकारा होगा
फिर अधखुली किवाड़ों से कई बार
मेरे आने का आभास हुआ होगा
अपनी बेबसी पर तुम रोयी भी होगी
सप्तरंगी मेरी दुनिया मैं छोड़ न पाया
अब वही सप्तरंगी दुनिया बदरंग है
अंदर और बाहर दोनों तरफ़ से बिखरी
मानव होने का मूल्य चुकाया है
अनगिनत बेड़ियों में जकड़े ,कैसे मिले
ताउम्र हाथ फैलाते रहते हैं
फिर भी रह जाते है फ़ासिले
इसी फ़ासिले से एक ज़माना गुज़र जाता है
एक उम्र तमाम हो जाती है।

पिता

बहुत बिखर गये थे
दूर दूर हो गये थे
फिर तुम बीमार हो गये
समय मिला साथ में बैठने का
तुमको समय मिला वेदना के आईने
से देखने का
कि जो दीवार सा दिखता है
उसमें ऐेक सहमा हुआ पिता भी रहता है
बहुत फासिला मिटा है
गले भी मिलेंगे
जब ठीक हो जाओगे।

दर्द

वो जो दीवार सा दिखता है
उसमें एक सहमा पिता भी रहता है।

जब सारे आसरे बेआसरे थे
सिर्फ़ तुम्हारा ही आसरा था

बहुत कम ख़ुद में रहता हूँ
ज़्यादातर तुझमें रहता हूँ

इतना क़रीब है तू मेरे
हर लम्हा तेरा दर्द सहता हूँ

कई बार चाहा तेरे सर पे हाथ फेरूँ
फिर हौसला नहीं हुआ

कैसे हो जाता है ये सब
क्यों हम कुछ कर नहीं पाते

जिसे लोग बेबसी कहते हैं
मैंने अपनी आँखों में देखी है

आँसू

मैं देख नहीं पाया
तुम हर बार मुँह फेरकर
आँसू अपने छिपा लेती थी
मैं सोचता रहा सब ठीक है
हक़ीक़त में तुम धीरे धीरे जा रही थी
प्रारब्ध है
पर सच यह भी है
आँखों से कोई न गिरे
युग बीत जाते हैं
फिर उठने में।

याद है

एक दिन आपने कहा था
चलो दोनों पिक्चर देखते है
उस दिन मैंने पीछे देखा
मेरा बचपन रुक गया
उस दिन मैं बड़ा हो गया
आज अपने बेटे को देखता हूँ
बड़ा हो गया है
आपकी स्मृति से कुछ कहता हूँ
वह अवाक् देखता है
मेरी डबडबायी आँखों को
हौले से कहता है
तुम तो कही नहीं जाओगे?
मैं भी यही चाहता था
कि तुम कही न जाओ
पर सिर्फ़ चाहने से क्या होता है??

उम्मीद

क्यों बड़ी उम्मीद लगाते हो हमसे
भारत बड़ा है और बड़ा बनेगा
हमारे बीच के बड़े लोगों से
हम छोटे लोग क्या कर लेंगे
कोंदो खोदा है वही खोदेंगे
देश की परिपाटी है
बड़ों का आदर ज़रूरी है
और एक तुम हो
हमसे उम्मीद लगाये बैठे हो
न जाने क्यों??

कविता संग्रह

मैंने कविता संग्रह लिखा
किसलिये?
न तो उसे पढ़कर
किसी का दिल पिघला
न बुद्धिजीवी ने पढ़ा
न व्यापारी ने ख़रीदा
न कबाड़ी ने
ये कविता संग्रह नहीं
जीवन भर जो हमने
भाड झोंका है
उसी का लेखा जोखा है।।

पुल

नदी उच्छश्रृंखल थी
उस पर पुल बनना ज़रूरी था
जैसे पुल के लिये मज़दूरों का
पेट पालने के लिये
उस माँ का मज़दूर बनना
पीठ पर बच्चा बाँधे
अथक परिश्रम करती रही
पुल बन भी गया
उसका उद्घाटन भी हुआ
इस माँ का कही नाम न हुआ
लोग कहते हैं
पुल दूरी मिटाता है
दो किनारों को मिलाता है
क्या वाक़ई ??

एक प्याला

मुट्ठी भर मिट्टी से
एक प्याला मैंने बनाया
जीवन भर यात्रा में रहा
उद्धम किया परिश्रम किया
हालाहल से प्याला भर दिया
अब नीलकंठ ढूँढता हूँ
नियती ढूँढता हूँ
हाथ में प्याला लिये
एक सुकरात ढूँढता हूँ ।

याद

आज तुम याद बहुत आये
जब मैंने देखी
अपनी उँगलियाँ
आपके जैसी लग रही थी
किसी रहस्यमय
प्राणी की तरह
मैं तुममें बदलता जा रहा हूँ
कोई कही नहीं जाता
अपना बहुत बड़ा हिस्सा
यहीं छोड़ जाता है
और फिर पूरी होती है
एक यात्रा
फिर जीवित होने की
सच तो ये भी है
एक लम्हा भर हूँ
तुम्हारा निशाँ भर हूँ
अब तुमसा हूँ।

एक चेष्टा

शीशे मेरा अक्स था
पीछे गुज़रा वक़्त था
चेहरे पर विषमताऐं
लकीरों में विफलताएँ
बेस्वाद सी बेबसी आँखों में
एक आधा अधूरा युग
मेरे अक्स और
आईने के बीच
मैं कही दिखता नहीं
ढूँढना चाहता हूँ
खुद को भी कहीं
अब आईने है,अक्स है
और खुद को ढूँढने की
अंतहीन चेष्टा।

कौन रोकता है

आज हम अपनी महरूमियों में फ़ना होंगे
देखे आज हमें कौन रोकता है।
बहुत सुनते रहे दुनिया ज़हान की
देखें आज अपनी बात रखने से हमें कौन रोकता है।
बहुत सहा है हमने जिन्दगी की जद्दोजहद में
देखे आज हमें बाग़ी होने से कौन रोकता है।
हर राह पे धोखा खाया है हर उम्मीद खो बैठे है
देखे आज हमें नाउम्मीद होने से कौन रोकता है।
हर दर पे जा कर देख लिया हर दरवाज़ा खटखटा
के देख लिया
ये आदत अब बदल डालूँगा देखे आज हमें कौन
रोकता है।

गिरवी

कितना कुछ गिरवी पड़ा है
तुम्हारी चाहरदीवारी में मेरा
वो खिड़की का शीशा और
उस पर चिपका मेरा टाईम टेबल
कमरों से अपनेपन की सोंधी ख़ुशबू
वो कुछ मेरी बातें
वो कुछ तुम्हारी बातें
वो प्यार के दिन
वो अभाव की रातें
पचास सालों से हर बार
तुम तक वापिस पहुँचा हूँ
आज तुम नहीं हो
तुम्हारे संग मेरा बहुत कुछ गया
लोग कहते हैं हम फ़लाँ जगह रहते हैं
कहाँ यहाँ कुछ रहता है?
सब चला जाता है अपने समय से
मेरे घर की तरह।

सीढ़ियाँ

वो सीढ़ी जिससे उतर
मैंने हज़ारों यात्राऐं की
इसी सीढ़ी से होकर
मैंने पिताजी को अपने
दाख़िले की ख़बर सुनाई
जिसपे से
कभी बारात जाती
कभी बहु आती
कभी दादी उतरती
कभी अन्नू चढ़ता
कभी माँ बुलाती
कभी तुम आफिस जाते
जान लो
अपना घर नहीं रहा
तुम्हारे जाने के बाद।
मुझे पता चला
सीढ़ियाँ जो पहुंचाती थी
खुद भी चली जाती है
जब कोई बड़ा जाता है
जब घर चला जाता है।

दुःख है

जब घर मेरा गिराया होगा
एक चौरस ज़मीन का टुकड़ा
असहाय सामने आया होगा
उस पर अट्टालिका जो है बनी
नीचे उसके मेरी यादें है दबी
पचास वर्षों का सारांश
कुछ पूर्ण कुछ अपूर्ण
आशाओं का बही खाता
दुखों के जजीरे
खुशियों का सागर
अब कुछ भी नहीं
वापिसी की आशा भी नहीं
दुःख है।

माँ

आज फिर बिरहन सी रात है
आज फिर तुम्हारी बात है
कौन कहेगा कि तुममें
एक वो भी हुनर था
एक सितार जो तुम्हारी अल्मारी
के ऊपर रखा था
वही अल्मारी जिसमें
तुम्हारी शादी का तोहफ़ा
एक लेमन सेट भी रखा था
तुम्हारे आधे-अधूरे रियाज़
वो काँधे पे रखा सितार
उस पर चलती तुम्हारी उँगलियाँ
अपना सा तुम्हारा चेहरा
मुझे आज भी याद है
कहाँ गया वो सितार, वो लेमन सेट
जिसका जग अब भी मेरे पास है
आधी-अधूरी सही
तुम कुछ तो अभी भी मेरे पास हो
माँ।

उत्सव और उमंग

वो अभाव का समय था
पर हम सब कितने खुश थे
मन में हमेशा एक उत्साह
जीवन में नित नये उत्सव
भले छोटे, नित मनते
ऋतुएँ आती थी और
मनते सम्बद्ध त्यौहार
अब हम समृद्ध है, वैभवशाली हैं
पर खुश नहीं
उत्साह नहीं , उमंग नहीं
खुशियों का सलीब उठाये
गहन नीरसता ओढ़े
स्वयं अर्जित गगनचुम्बी इमारतों
से जब नीचे देखते है
न नाते दिखे और न ही रिश्ते
अपनापन तो कही नहीं।

सूना गला

वो बेहद स्पष्टवादी था
बही का पक्का था
पुराना चुकाया नहीं
तो नया मिलेगा नहीं
हमने कहाँ पुराना चुकाया था
पर तुम्हारे कहने पर
नया लेने चले गये
उसने बैरंग लौटा दिया
कोमल मन आहत किया
ख़ाली हाथ ही आया
आँखों में आँसू लिये
तुम कुछ नहीं बोली
चुपचाप कही चली गयी
लौटी तो हाथ में सामान
मुट्ठी में दबे कुछ नोट
कुछ सूनी सूनी लगी
वो तुम्हारा सूना गला
मुझे आज भी याद है
माँ ।

मील के पत्थर

वहीं से शुरू वहीं पे ख़त्म
मील के पत्थर है हम

इतना छोटा न समझो हमें
हमारे भी कुछ मायने है

अपने पैमानों से न नापना
मेरे मायने बदल जायेंगे

एक जलसा हमसे भी शुरू हो
और ख़त्म हो ये तनहाईयां

अधमरे से आधे ही दफ़्न है
मील के पत्थर है हम।

पेड़

पेड़ कितना अद्भुत है
जड़े ज़मीन में
और हमेशा वही
तना, ज़मीन से ऊपर
गगनचुम्बी
नृप के दर्प सा
चलता जाता है,फिर
न जाने क्यों बँट जाता है
शाखाओं और पत्तियों में
शाखाएँ कितनी अलग होती है
अपने तने से अपनी जड़ों से
ऊँचाई पर पहुँचकर हम कितना
बदल जाते है।

दूरियाँ

मेरे अँधेरों को पंख दे दो
आज कुछ तो कह दो।
मैं दरवाज़ा खटखटाऊं
तो कुछ कहना
अन्दर बहुत मौन है
खनकती होगी हंसी कहीं
मेरे मन्दिर मसान गमगीन है
राह की अपनी मज़बूरियां है
तभी तो इतनी दूरियाँ हैं
कल फ़िर उजाला होगा
सुबह होगी सबा होगी
जीने की फ़िर वजह होगी।।

अनन्त

धागा बाँधते इस बूढ़े वृक्ष को
मैनें विप्र की वैदिक ऋचा का श्रवण किया
ओम् पूर्णमदपूर्णमुदच्यते पूर्णमिदं पूर्णात:
पूर्णस्य पूर्णमादाय पूर्णमेवावषिष्यते।।
बोध हुआ हम में से तुम को निकलें
हम ही बचेंगे
हम से मुझ को निकाल के
हम ही बचेंगे
नल दमयन्ति के मानिन्द
सरोबार है आभिज्ञान शाकुन्तलम्
के रस से
तटस्थ है रोहिणी जैसे
घूमते है एक दूसरे के पीछे
अनुराधा और वशिष्ठ तारामंडल
से आभामय
अनन्त के लिये और
समय से परे।।

खंजर

मतलब क्या है इस बात का
दश्ते खंजर पर उनका हाथ था।
कुछ तो वज़ह होगी ज़ख़्मो के मेरी
या यूं कि मेरा लहू बेवजह बहा दिया
रख लेती कुछ देर और तुम भरम मेरा
साहिर तेरी नज़रों ने इतना भी न किया।
देख़ वक्त ने बदल दी कैसे वो मुहब्बत
आशना जो हम थे खंजर लिये फिरते है।
आज बता दो सबब अपनी नफ़रत का
क्या पता फ़िर हम होश में हो के न हो।
छुपा लो लहू से मेरे सने इस खंजर को
कही इसको ज़माने की नज़र न लगे।

मशगूल हूँ

तुमको देखने का मन है
सुना है इसकी मनाही है
तुम्हारा नाम लेने का मन है
इसकी यहाँ रवायत नही
तुम्हे छूने का मन हुआ
पर वो फ़ासला तय न हुआ
इस कायनात में तुम तक
मुझसे पहुंचा न गया
अपनी एक दुनिया बना रहा हूँ
आज कल बहुत मशगूल हूँ।।

कामना

योगिनी
हर क्षण मिलने की कामना
अद्‌भुत है
स्वरा
हर श्वास में मेरा नाम
प्रेम ही तो है
मोहिनी
चहुँ और हूँ तुम्हारे
अनुभव करो
हृदया
हृदय में रहता हूँ
नाद का श्रवण करो
रस्या
तुम्हारे प्रेम में सरोबार हूं
आंनद स्वीकार करो
स्निग्धा
तुम्हारा हर पवित्र बंधन
अब स्वीकार है मुझे

कौमुदि
सहस्त्र नाम है मेरे
मेरा मन है
केवल कृष्ण कहो
देवी बोध हो।

कहना बाकी है

मैं कुछ देर और रूक जाऊंगी
अगर तुम रुक सको तो
बहुत कुछ अनकही है
बहुत कुछ कहना बाकी है
अगर रूक सको तो
कुछ वक्त तुम्हारे पास नही
कुछ रूकना तुम्हारी आदत नही
आज बात बड़ी है
कह सकती हूँ
अगर रुक सको तो
तुम रुक न सके
मै दिल की बात
हवाओं से कहती हूं
अगर आज तुम रूक जाते
आखिरी धड़कन में
अपना नाम सुन पाते।
मुंदती आंखो मैं
ईश्वर देख पाते।

ज़िन्दगी

ज़िन्दगी तू दबे पांव
मेरे बगल से निकल गयी
मैं ठगा सा देखता रहा
वो दूर जाता गुबार
अब मिलता नहीं
तेरा पता न निशान
क़फ़स मे टूटे
ख़्वाबो का मंजर
समेटे
कोई तो मुझे बताये
मैं जाउँ तो जाउँ
कहाँ?

कसर बाकी है

अभी तो जमाना देखा है
पहचानना बाकी है
आग सुलग रही है
शोलों का भड़कना बाकी है
उस दर से अब कोइ उम्मीद नहीं
पर नाउम्मीद होना बाकी है
वक्त अपनी चाल चल चुका
किस्मत का पलटना बाकी है
हर रोज रूसवा होते हैं
तमाशा बनना बाकी
रहमतों से दिल भरा नहीं
और कसर बाकी है।

भूलना चाहता मन

एकदम कोरा जन्मा था
आ ब सा सीखा
छल छद्म सीखा
और सीखी दुनियादारी
अब सब भूलना चाहता मन
तो जाना
सीखना आसान है
भूलना मुश्किल
पकड़ना आसान
छोड़ना मुश्किल
मैं और मेरी तृष्णा
बचपन की सहेली
कब पृथक होगी?
कोरा हो जाये
पुनः ये मन
क्या ऐसा होगा?
कभी?

कोमल मन

कितनी छांव है
ये किसकी छाया है
ये कोमल मन किसका है
ये निश्छल प्रेम की अविरल धारा
अदृश्य ये तुम ही हो
मैं जानता हूँ
मेरे साहस का पर्याय
कितनी बार बनी हो
मैं जानता हूँ
बहुत निकट से देखा है
प्रेयसी से
अनिर्वचनीय होते
युग सा पलटते
तुम्हारी साँसो का स्पंदन
मेरे अंकपाश में सुरक्षित है
समय के साहस से परे।।

प्रेम की धारा

अविरल प्रेम की धारा
मेरा मन भिगो चली है
प्रेम प्रपात पोषित
प्रणव जननी
ओंकार उद्धघोषिता
प्रेम क्षुधा तृप्त करो
स्वयं से प्रेम करो
तम दूर हो प्रकाश हो
अपनी छाया से दूर
स्वयं प्रकाशित
निर्भीक प्रेमपाश में
परमानन्द हो

प्रतीक्षा

सूरज की उत्तेजना
ढल गयी शाम में
कामान्ध बादल टूटे
बारिश की बूँदों में
सामने भीगी पटरी
मेरी भीगी परछाईं
निर्वसन प्रतीक्षा को
नये मायने देती
मेरी फ़ुरसत को
धीरे से सहलाती
सुलगाती धीमी आँच
भस्म होंगे निरीह
हवा के नन्हें झोंके
प्रज्ज्वलित होगी
संध्या छाया, एक तड़पती प्रतीक्षा
फ़ना होने की।।

पच्चीसवीं वर्षगाँठ

प्रियतमा
पच्चीस वर्ष बाद
तुम में माँ को देखता हूँ
तुम में सखा देखता हूँ।
अब तुम ही मेरी दुनिया हो
तुम में पूरी सृष्टी देखता हूँ।
सारे पथ तुम तक खत्म हो
तुम से फि.र शुरू होते है।
ये धूप के किस्से ये छांव के सिलसिले
कितने मुनासिब हम तुम
इस सफर के लिए।
बिछड़ गये तो कौन
कहेगा तुम्हारे मेरे किस्से
इसलिये चुपचाप लिख दी
ये कुछ इबारतें
धुँधलाते चश्मे के पीछे से
अब कुछ दिखता नहीं
डर है ये सब भी धुल
न जाये कहीं।।

परिधि से परे

–कुछ शब्द लिखे थे मैंने
तुमने उन्हें स्वर दिया
देखो कविता का जन्म हुआ
प्यार रंग चढ़ने लगा
फाल्गुन आ गया
तुम साथ साथ चलने लगी
कदम कदम फूल खिले
रंगो की फुआर से भीगे मन
मन महकने लगा,मैं उसे जीवन कहने लगा
तेरा मेरा सपना जो है अब अपना
फ़ख्त इतना सा कि
यूँ ही मैं गीत लिखता रहूँ
प्यार से तुम उन्हें सहलाती रहना
गुनगुनाती रहना
चाहें फिर हम बस रहे हों तारों में
इस संसार की परिधि से परे।।

होली

होली के जलते ही
चटकने लगी लकड़ियाँ
बिखरती चिंगारियाँ
सज गयी समय पटल पर
एक वह समय था
जब तुम्हारे गालों की लालिमा
रक्तिम गुलाल सी थी
आलिंगन था प्रेमपाश सा
सुख था सहवास सा
मनाओ की
फिर से आये वो होली
अपने समय से
सामने जलती आग
मद्धिम होने लगी।'

ग्रहण

पूनम का वो चाँद बहुत अज़ीज़ था
फिर ग्रहण आ गया
फूलों को टूटकर चाहा
फिर पतझड़ आ गया
रोये तो दिल से थे
फिर आँखें क्यों नम हो गयी
किसी को इतना चाहना ठीक नहीं
फिर नज़र लग जाती है
कभी मीत को जाने न दो
फिर याद बहुत आती है
कफ़स में बड़ा उदास रहे
फिर खुद से मुलाक़ात हुयी

उपवन

उपवन मैंने लगाया
वसंत स्वयं आया
कली कली भँवरा
कामान्ध स्वयं आया
निशा भर रही चाँदनी
मदमाती निष्पंद
रंगों का तांडव
फिर थम गया
जो स्वयं आया
स्वयं चला गया
पुनः वसंत होगा
हम सब फिर आयेंगे
यह शाश्वत है।

सम्पूर्ण

सुदूर वन नंदन कानन में
मेघ स्थित तड़ित सी
चपला तुम चमकी अद्‌भुत
सिहरा गयी मेरा मन
सस्त्रों सूर्य डूबते तिरते दिखे
कपोलों की रक्तिम लालिमा
वायु ने अलकों को पंख दिये
कौंध गया फिर तेरा तन
आधी कविता पूर्ण हुयी!
जल विहार कर सम्पूर्ण
निशिगंधा की सुगंध सी
स्वच्छंद अनावृत मारीचिका
जल कर विदीर्ण
आरोहन हुआ तुम्हारा
शेष को सम्पूर्ण किया
मेरी कविता को पूर्ण किया।

पूनम की रात

पूनम की रात में
चन्द्रमा के सानिध्य
निशीगंधा की चादर ओढ़े
छिटकी चाँदनी सी चमेली
मोह रही थी मेरा मन
फिर थक गयी निशा
चन्द्रमा के सानिध्य से
कुम्हला गयी चमेली
कुम्हला गयी निशीगंधा
रह गया एक उदास मन
उदास चाँद ,उदास मन
एक सफ़र यों भी जारी है।।

आधी आस

ऐ दिल के यूँ मायूस न हो
अभी आधी रात बाक़ी है
और इन्तज़ार कर सकता हूँ
अभी आधी जान बाक़ी है
साँसों को गिनकर देख लो
अभी आधी साँस बाक़ी है
कर लेना फिर हिसाब कभी
अभी आधी हसरतें बाक़ी है
सफ़र में हो तो जान लो
अभी आधा सफर बाक़ी है
पूरा तो मैं क़बूल न था
आओ कि अब सिर्फ़
आधा ही बाक़ी हूँ ।।

अस्तित्व

मुझे तुम्हारा होना भाता है
और अपना होना भी
तुम्हारे अस्तित्व से अनभिज्ञ नहीं
अपने होने का भान है
अगर सबका एक सम्मान है
तो मैं भी तुम समान हूँ
तुम्हारी महानता चहूं ओर
अपने स्थान मैं भी हूँ
तुम्हारे ब्रह्मत्व से भिज्ञ हूँ
पर मैं भी ब्रह्म हूँ
यह जान लो।

टकराव

जीवन की कहीं गुज़र नहीं
जीवन की कहीं बसर नहीं

अब सारे आसरे तुमसे है
मेरे शामों सहर अब यही सही

चाहे तो अब हो क़त्ल मेरा
पर चुनी हुई सरकार हो

कैसे कोई मज़ार हो
जो मरना हज़ार बार हो

चलो कुछ रास्ते समेट लें
क्यों बार-बार टकराव हो।

आइना

आइने से मुझे इतनी सी शिकायत है
बनता नहीं मेरे दर्द का अक्स कोई

वो इतना सच्चा है
आइने में भी इधर का उधर दिखता है

हर आइना आज़म के देख लिया
न मैं दिखी न मेरी शख़्सियत

मेरा अक्स दिखा पर मैं नहीं
मुझे मुझसे ही छिपाता रहा आइना

दुनिया में सब कुछ देख लिया
अब आइने में क्या देखें।

एक दिन

एक दिन निकले
गंतव्य की ओर
साथ में कुछ व्यक्त
कुछ अव्यक्त
और थी तुम्हारी
प्रेम वर्षा
जिसमें कुछ भीगे
कुछ सूखे,चलते रहे
जानता हूँ राहें
एक दिन जुदा होगी
बिछोह होगा,तड़प होगी
सावन में कोई एक
तो तन्हा होगा।

यात्रा

बेटे के जन्म के बाद
तुम गुम गयी इस
घर की परेशानियों में
आज तुम्हें गाते सुना
लगा जन्म दिया है तुमने
मेरे और तुम्हारे प्यार की
एक और निशानी को
आओ बैठो मेरे सानिध्य
चन्द्रमा की सनद रहे
बिखरती चाँदनी में
मूक मैं सुनूँ तेरा गुनगुनाना
सम्पन्न हो यात्रा तुम्हारी
पत्नी से प्रेयसी तक की।

अतीत

एक नन्हा हवा का झोंका
उड़ा गया अतीत का पन्ना
और बिख़र गयी फ़िजा में
वही पुरानी रजनीगंधा
जो आती थी हर रात
उस छोटी सी छत पर
जिसे हम अपना कहते थे
तब रातें झिलमिलाती थी
तब हँसी कितनी निष्पक्ष थी
आज कहाँ से लाऊँ
वो अपनी सी रजनीगंधा
मैं स्वच्छंद अब हँसता नहीं
सिर्फ़ मुस्कुराता भर हूँ
रात भी झिलमिलाती नहीं
अब मेरी धुँधलाती आँखों में
वो छत जो अब नहीं है
कुछ अपना सा नहीं है
कुछ अपने नहीं है।।

एक विचार भर

एक विचार भर हूँ
कहाँ संसार भर हूँ
कहाँ कोई विवाद हूँ
तुम्हारे अधरों ने स्वर दिया
वह संवाद भर हूँ
एक विचार भर हूँ
कहाँ संसार भर हूँ
तेरे नयनों में बसा
स्वप्न भर हूँ
अलकों से भ्रमित तेरे
मेघ मल्हार भर हूँ
हृदय में पहले प्रेम
का स्पंदन भर हूँ
एक विचार भर हूँ
कहाँ संसार भर हूँ
आनन्द से सरोबार
सहवास भर हूँ
मधुर है अगर स्मृति मेरी
तो मधुमास भर हूँ

अज्ञान
मैं तेरा ज्ञान बस हूँ
एक विचार भर हूँ
कहाँ संसार भर हूँ।

पिता के कांधे की सवारी

माँ की आंख का तारा था
वो शूरवीर था।
भाई जो राम सा था
घनी छांव का वृक्ष था
वो शूरवीर था
छोटी बेटी का पिता
राधा का कृष्ण था
वो शूरवीर था।
रण में ऐसा रम गया
घर द्वार सब भूल गया
मातृभूमि का हो गया
वो शूरवीर था।
एक सिंह को घेर लिया
बैरी ने ऐसा छल किया
गोलियों से बींद दिया
बेटी की किलकारी
पिता का कांधा
माँ का स्पर्श
सब न रुला सके

अपनी हार से वो
रो पड़ा
वो शूरवीर था
वो अपने प्रण से
विमुख न हुआ
कुछ काम अधूरे
छोड़ गया
एक परिवार बिलखता
छोड़ गया
हम सब उनको अपना ले
सहस्त्र बाहों से सम्बल दे
कृतज्ञ देश सम्मान करे
यही अभिलाषा है
उस शूरवीर की
जो अब न रहा।।

विडम्बना

मैनें देखा है तम को मुझे शनैः शनैः
निगलते हुये
निपट उजियारे को क्षणिक आवेष में
कलुषित होते हुये
मैंने देखा है,
अपने को, असम्भव से झूझते हुये।
तम के वर्चस्व से जूझते हुये देखा
अपनी दग्ध आत्मा को
पूरे अस्तित्व को तममय होने
से पहले की विवशता को
मादकता में बदलते देखा है।
आवेश के प्रपात में गिरते हुये
और ज्ञान के पूर्णता लुप्त होने
से पहले मैनें जाना, मन होने
की विडम्बना को।

मुझे पता है

पीठ पर देश का भविष्य बाँधे
कर्म करती परिश्रम करती
क्या सोचती हो
जब तुम्हारे बनाये पथ पर
कोई कार दौड़ती है।
यही न कि मेरा बेटा
मेरे बनाये पथ पर एक दिन,
कार से घूमेगा
उस कल के लिए तुम्हें
आज से कोई शिकायत नहीं
वो कल जो तुम्हारा आज
निगल गया
वो कल आयेगा भी या नहीं
तुम्हारे संकल्प और सपने
के बीचोंबीच जो है
उसका उद्धारक
एक दिन जननी
तुमसे ही जन्म लेगा
मुझे पता है।

अपने बुजुर्ग सा

इस खंडहर को देखो
इसे आसमाँ से कुछ
दरकार है।
इस आसमाँ को देखो
जो टुकड़ों में बंट गया
हर टूटी छत को इसी
आसमाँ का गुमान है।
टूटी खिड़कीयों से
और हवा आती है
ये बूढ़े बाप सी दीवारें
मज़बूर हैं रोक नही पाती।
ये इधर उधर
बिखरी इंटें
अब संवरती नही
इन्हें दीवारों से
कोई सरोकार नहीं
इस में अब कोई क्योंकर
रहेगा
ये खंडहर है कोइ

मकान नही।
याद इसे सब है
कम्बख़्त कुछ
बोलता नहीं
घर होता तो
बहुत कुछ कहता
यूं चुप न रहता
न इस तरह रोता
यूं हौसला न खोता।
इसे गौर से देखो
यह खंडहर है
अपने बुजुर्ग सा।।

शहर

क्यों ये सपने उगलता शहर
कभी सच नही कहता
रहते तो कई है
किसी को बसा नही पाता
मन का जहर अब हवा में भी
पानी मे भी
शोर इतना की कोई कुछ
कहता नहीं
रहता तो मैं भी इसी में,
ढूंढता रहता हूँ अपना सा
दूसरा इसी में
कुछ नहीं है मेरे जैसा
मेरे शहर में
अब मन नही लगता मेरा
इस शहर में
कितने दिन रहूँ अजनबी सा
अपने ही शहर में
जाउँ तो जाउँ कहाँ
मिलती है हर शहर की सूरत
मेरे शहर से।।

रणभूमि

टुकड़ों में बिखर गयी हूँ
अब किस स्वप्न का हिस्सा हूँ
हो रहा समर स्वप्नों का
अब मैं सिर्फ कुरूक्षेत्र हूँ
मेरा कोइ मत नहीं
मैं तो सिर्फ रणभूमि हूँ
पांचजंय गूंज उठा
अनंतविजय भी गूंज उठा
मेरी महिमा का गान नहीं
मेरा कोइ मान नहीं
मैं किसी स्वप्न का भाग नहीं।
वो रणबान्कुरे कहाँ गाये
मैं तो अभी शेष हूँ।
पल की महिमा से विचलित न हो
जो शेष है वही विशेष है।

नारी

अर्ध्धनारीश्वर
कौतूहल या चिंतन?
नारी को यों समावेष
क्या इसलिए की अबला है
या पूरक है तुम्हारी?
शक्ति
आभूषित
तुममें समाहित
तुम्हारे प्रवाह से
प्रवाहित
ये नारी?
कौतूहल, चिंतन
या प्रभु आपकी
लीला??

जनमानस

जब जनमानस की भाषा मौन हो
आंखो के सपने अधमरे से हो
दिल और जुबान का हर
पुल टूट चुका हो
जब हाथों का परिश्रम
कुनबे की भूख से छोटा हो
आम आदमी अपने ही मुल्क में
ओछा और निकृष्ट कहाये
तो फ़िर इस ससुरी कविता
और सिर्फ़ कविता लिखने
से क्या होगा???

यादें

यादों को अगर परत दर परत उधेड़ें
समय कि गिरह खोलकर छिटकेंगी
कुछ अपूर्त मुंह बिराती हसरतें
पायेंगे की जो हमसे छूट गया
वो प्रारब्ध था, जो किया वो नियती
जिसको प्रेमपाष मे बाँधा वो सब
पाष तोड़ कर विलुप्त हुए
समय कैसा छल कर गया
मेरी अपूर्त इच्छाओं
से तुमको ढक कर
तुमसे दूर कर दिया।।

व्यथा

समय थोड़ा ठहरों
व्यथा है
व्यथा तुमसे कहनी है
हे सम्भाव
बहुत उत्तेजना और कोलाहल
मानव मानव से व्यथित है
व्यथा तुमसे कहनी है
हे महा प्रवाह
दिशाओं के ज्ञाता
दिशाहीनता से व्यथित हूँ
व्यथा तुमसे कहनी है
हे एकाकी
यूं एकाक रहो न
मूक हो रही मानवता
स्वर दो
मन व्यथित है
व्यथा तुमसे कहनी है
हे काल
कहाँ के वासी नही जानती

मेरा देश व्यथित है
तटस्थ
व्यथा तुमसे कहनी है
महा पथिक
पथ प्रशस्त करो
जो हृदयों तक जाता हो
घावों का सुखाता हो
ऐसे मेरी व्यथा सुलझाओ
फिर चाहें चले जाओं
व्यथा निवृत कर
हमें निरोग कर।

स्वतंत्रता दिवस

आज स्वतंत्रता दिवस है
अपनी संकीर्ण मानसिकता
से व्याधित
क्या सचमुच स्वतंत्र है?
और नही तो जब
गुरु का स्थान शीर्षस्थ हो
नारी का सम्मान हो
देश ही हमारी पहचान हो
माँ गंगा स्वच्छ निर्मल हो
बराबर के मौके मिले
सीमा पर जवान खेत में किसान
का सम्मान हो
मजदूर का खुशहाल परिवार हो
आम आदमी ही खास हो
न्याय त्वरित हो
एक झंडे के नीचे
भरापूरा परिवार हो
जब ऐसा हो
तब कहना हम स्वतंत्र है।

मूक क्यों हो कृष्ण

कहा था तुमने
धर्म की रक्षा करोगे
अधर्म का नाश करोगे
धरा की पीर से परे
मूक क्यों हो कृष्ण
नीर चीर पीर सब वैसी ही
हस्तिनापुर भी है,
दृष्टिविहीन धृतराष्ट्र भी,
कुरू पुत्र, पांडू पुत्र युद्धाकाँक्षी
सब कुछ वैसा ही है
अवतरित हो कान्हा
तुम प्रासंगिक हो।।

मेरे मन

बहुत रोया हूं मैं
इन आंसुओ से
धुला नहीं तू
मेरा मन
बीच गंगा
गले तक जल में
डूबा नहीं तू
मेरा मन
कोसों चला हूँ
तू पीछे नहीं छूटता
मेरा मन
इस ब्रह्मण्ड
के एकमात्र ब्रह्म
को मुझसे दूर करता
मेरा बैरी है तू
मेरा मन
गंगा तट
वह जलती चिता
क्या हुआ उसका मन?
बता मुझे तू
मेरे मन

बोधि वृक्ष

बोधि वृक्ष
कठफोड़वे की निरन्तर चेष्टा
अपना घर बसाने की
वृक्ष की पीड़ा से अनभिज्ञ
पीड़ा के पश्चात्
सुख की अनुभूति
किसी को बसाने की
यही ज्ञान है
सुख दुख
जीवन मृत्यु
एक ही है
समय मे अवस्था मात्र
सुख के गर्भ में दुख
जीवन के गर्भ में मृत्यु
शाश्वत है
बुद्ध आत्मसात् कर
बोधिसत्व हुये।।

मानवता की मृत्यु

रूधिर धाराओं के बीच, बमों से आक्रान्त
उसने अपने परमपिता को बहुत याद किया
जब कोई उत्तर न आया तो उसने सोचा
शायद वे अलेप्पो छोड़ जा चुके है
अपना बच्चा छाती से लगाये
वह सहमी हिरणी सी भागी
ऐसी भागी वह अलेप्पो से
कि फिर उसे अपना कोई न मिला
सहरा में न तो सहारा था न दया
यहाँ सब कुछ सूख चुका था
उसके अन्तरमन की तरह
एक टूटी नाव में बैठ उसने
अपना वतन ही छोड़ दिया
निरन्तर बम वर्षा करने वाले
अश्विट्ज, पर्ल हार्बर की पीड़ा
और सब कुतर्क भूल चुके थे
नाव छोटी लहरें बड़ी आशा
वतन छोड़ने का दर्द सबसे बड़ा
छाती से चिपका वह शिशु

कब निर्जीव हुआ पता न चला
लहरें अब नाव निगल रही थी
हाहाकार के बीच उसने देखा
उसका बच्चा उसे बुला रहा था
'माँ यहाँ आ जाओ यहाँ बहुत अच्छा है',
लहरों ने नाव को निगल लिया
वो न रही!
मानवता की मृत्यु के इस पर्व पर
यह सब लिख दिया है
शायद कोई दूसरा भी उसे जानता हो
शायद कोई चर्चा हो, शायद कुछ बदले।
तुम मुझे यूँ भुला न पाओगे

मन की बात

चलो आज फिर रौशनी की बात हो
आज फिर ज़हन को रौशन करे
करे अपने मन को साफ
कि यूँ हो
तेरे घर भी रोशनी हो, मेरे घर भी
इतना हक़ हो कि मैं भेज सकूँ
अपने घर की मिठाई तेरे घर आँगन में
और मैं सच में लगूँ तुझे अपने जैसा
बरबस तेरे क़दम बड़े मेरी तरफ़
बैठना मेरे घर में अपनी पसंदीदा जगह
मुझसे कहना जो रूका है मन में
बहुत दिनों से मैं भी चाहता हूँ
करना तुझसे अपने मन की बात।

तू ही नवजीवन है

नवकोपल तू ही नवजीवन है
असीम सम्भावनाओं से युक्त
असंख्य प्रकार से व्यक्त है
उद्धभित कल तू ही वृक्ष है
नवकोपल तू ही नवजीवन है।
तू असीम की अभिव्यक्ति है
विराम है तू समय पटल पर
चेतन ही तेरी शक्ति है
नवकोपल तू ही नवजीवन है।
उद्धभित मैं तुमको जल दूँगा
तुमको मैं अपनों सा पोसूँगा
कल तुम मुझे छाया देना
फल देना, स्वच्छ वातावरण देना
कितना सहज है
नवकोपल से नवजीवन लेना
उद्धभित तू ही नवजीवन है
उद्धभित तू ही नवजीवन है।

आर्य

पवित्र आर्यावर्त के धरतीपुत्र
निर्भीक हो
पंचनद निवासी, अमृत पुत्र
गौरवान्वित हो कि तुम
आर्यों की सन्तान हो
ऋषि पुत्र
तुम मन नहीं हो
तुम शुद्ध, अनन्तशक्तिमान
आनन्दमय हो
सत्यदृष्टा
मानव का अवलम्बन है तू
उसके उत्पीड़न से दुखी
उसका उद्धार तेरा जीवनलक्ष्य हो
भारतोद्धार तेरा गन्तव्य
इस घोर अन्धकार की तुम
आलोकरेखा हो
प्रकाश स्तम्भ बनो
सत्य दर्शन करा दो
अन्धकार मिटा दो।।

नव वर्ष

कितना कुछ कह सकता था
पिछले वर्ष
पर मैं मौन रहा
उन लोगों की तरह
जिनकी बात सुनी जाती
इस धरा पर
मौन है।
ईश्वर मौन
ब्रह्माण्ड मौन है
ओम् कहने के बाद।
व्योम् मौन
पराय के मानिन्द।
धरा मौन है
चित्कार दबा कर।
सब गणमान्य
मौन है।
जो मौन नही
वे सब आम है

कहने का तात्पर्य
आम से खास बनने के लिए
मौन रहना जरूरी है
इस नववर्ष यह प्रण ले
हम कुछ नही बोलेंगे
हम भी सहमत है
पिछले वर्ष तरह
इस वर्ष भी
मौन है।।

नये साल में

नये साल में
ढूँढ रहा हूँ नया कुछ
अख़बार में
वही अलेप्पो का कुचला मन
वही मानवता के पुराने रंग
तिल तिल मरता पर्यावरण
ग्लेशियर पिघले लोग नहीं
ठंड में इस बार भी बेघर मरे
कुछ लोग भूखे भी सोये
अलाव भी नक़ली, पुलाव भी
मरने वाले इस साल भी असली
रोने वाले इस साल भी नकली
फ़ाईव स्टार में बुद्धजीवि
नुक्कड़ का लँगड़ा धोबी
अपनी अपनी उतार रहे हैं
तुम कहते हो नया है साल
हक़ीकत में बनाने वाले बना रहे हैं
बनने वाले बन रहे हैं
वही पुराना कोल्हू है
वही पुराना बैल।

उम्मीद

जो लहरों से डरेगा
किनारे पर रहेगा

जा हवाओं से डरेगा
वो चिराग़ क्या जलेगा

वो बहुत जानते है
जो अपने को पहचानते है

मंज़िल को नही
रास्तों को जानते है

कोई अकेला चला
काफ़िला बना गया

कोई काफ़ीले में
अकेला रहा गया

रात काली स्याह
आपको पहचान न सका

दिन के उजाले में भी
काम बना नही

जिनका बहुत नाम था
ज़माने में

वो ज़माने को
अलविदा कह गये

इसकी किसी को
उम्मीद न थी
वो उम्मीद से
आगे निकल गये

वो हमारे मकां आये
काश घर आये होते
हाथ नही
दिल मिले होते।

वक़्त

यूँ तो चाहत थी बुलन्दियों की उन्हें
ख़्वाहिशों और क़द में फाँसिला रहा

ऊँचे ऊँचे उड़े लोग
डोर को भूल हुये

गरेबां तक हाथ पहुँच नहीं
क़द दरम्यां आ गया

सर आँखों पर बैठाते ज़रूर
वज़न से ज़्यादा हो गया

आँखों का तारा होता तेरे
मोतिया आड़े आ गया

ज़माना हाथों हाथ उठाता
उसका वक़्त आड़े आ गया।।

समय

मेरे यौवन का चोगा पहन
समय मुझसे आगे निकल गया
आइनों की नफ़रत दे गया
कैसा दगा कर गया
मेरे यौवन का चोगा पहन
समय मुझसे आगे निकल गया
समय कुछ ऐसा ही है
देता कुछ नहीं, निगलता है
ठगा सा मन, बेरंग तन
घुटनों तक कीचड़ में छोड़
मेरे यौवन का चोगा पहन
समय मुझसे आगे निकल गया

यादों का जज़ीरा

वो हाथों में शमशीर लाये मुझे क़त्ल करने को
मैंने अल्फ़ाजों से चाक अपना गिरेबां दिखाया

वो सब लोग मेरे अपने ही थे पर ख़ंजर लिये
पीठ पर वार करते रहे मुझसे गले लगते ही

बात ये ठहरी थी की हम दोस्त रहेंगे हमेषा
बात इस पर रूकी की ऐक पुल छोड़ देते हैं

परवानों की तरह वो कूदते रहे नफ़रत की शमा में
मेरे नज़दीक वालों ने यूँ फ़ना की अपनी शख़्सियत

क्यों वार करते हो मेरे अपनों मेरे दिल पर हर बार
ये दिल तो तुम्हारी ही यादों का जज़ीरा है दोस्तों

दुःख

दुःख तू हमेशा रहता है
देखा है तुझे डबडबायी आँखों में
देखा है तुझे झुर्री भरे चेहरे
उसकी अनकही विवशता में
कभी सैलाब सा उमड़ते
कभी हौले हौले सिसकते
अभाव के दामन को भिगोते
हर खुशी के पीछे छुपा
घात लगाये
दबे पाँव आता हुआ
सुःख को परिभाषित करता
दुःख तू हमेशा रहता है।।

दशानन

दशहरा
फिर आया
दशानन
वध होगा
पुनः
जीवित होगे
तभी तो
अगले वर्ष फिर
वध होगा
सचमुच
मरते हो
अथवा
स्वान्ग
करते हो या
फिर मान रखते
हो उस बाण का
जो चलाया गया था
तुम्हारे वध के लिये

अन्तिम बाण चलेगा
अगले वर्ष न आना
दशानन इस वर्ष
और
आज सचमुच मर जाना।

दीप

पूर्वाग्रहित
दिशाहीन
द्वेशों से ग्रसित
अन्धकार में लिप्त
मनु इला की संतान
एक दीप जलाओ न
अलग–अलग स्वर
विचलित व्योम
एक सुर लगाओ न
मुख पर शोभित
हो मुस्कान
ऐसे पर्व मनाओ न
मनु इला सन्तान
एक दीप जलाओ न
इतना दुख
इतना विषाद
इतना हालाहल
नीलकंठ बन जाओ

नवीन परिवेश
बनाओं
नूतन किसलय
खिलाओं
मनु इला संतान
नूतन मन बन
जाओ न
दीप नये जलाओ
पर्व नये मनाओ
बोधिसत्व बन जाओ
मनु इला संतान
अमृत कलश
बन जाओ न
दीप नये जलाओ न।

क़बूल

थैले से बड़ी भूख
तेरी विरासत है
कही न जाती पटरियाँ
तेरा मुस्तकबिल
की ऐसा हो
तेरे चेहरे के पीछे
एक मुस्कान हो
तू सजदे में सिर झुकाये
कोई चुपके से
सिर पर हाथ फेर जाये
और तेरी हर दुआ
क़बूल हो जाये
काश ऐसा हो जाये

फिर हार गया

थैले से बड़ी भूख
तेरी विरासत है
कही न जाती पटरियाँ
तेरा मुस्तकबिल
कि ऐसा हो
तेरा भी एक मकान हो
कुनबे की भूख मिटाने को
एक थैला भर अनाज हो
तेरे मकाँ से एक रास्ता
किसी स्कूल को भी जाता हो
सोच रहा था तेरे बारे में
मत पर ठप्पा लगाते
कि फिर भीग गया मेरा मत
मेरे ही आँसुओं से,ये लो
मेरा मत फिर बेकार हो गया
मैं फिर हार गया।।

अधूरा सा

अगर बुलाने से लोग वापिस आते
तो किसी के जाने का दुःख नहीं होता

उम्र का कुफ़्र तो देखो
ज़हन में एक शेर आता है
तो पहला निकल जाता है

उम्र गुज़र गयी इस ऊँचाई को पाते
अब सामने फिर ढालान है

सब कुछ तो दिया ज़िन्दगी ने
फिर ये अधूरा सा क्या है?

क्यों ख़फ़ा है ज़माना हमसे
आखिर हमने किया क्या है

ज़िन्दगी भर जिये अपने लिये
पर ऐसा तो सभी ने किया है

उम्र भर तरसे छांव को
मेरे दौर में धूप बहुत रही

मुस्कुराते रहे हर ग़म में
हमें ग़मों की क्या कमी थी

ये वो सुबह तो नहीं

काली रात का सफ़र
नदी पर ठहरी सुबह
जाने कैसी होगी?
हर रिन्द को जीना हासिल
न हो कोई वजह
मखलूक के गुरबत की
लम्हा लम्हा खिसकती रही सुबह
ख़्वाबों को रौशन करती
ऐसे की
सच कहना चलन हो गया
सब के पास अच्छा नसीब
छीनना बेवजह हो गया
सुबह रुख़सार पर बिखरने लगी
निपट उजाले में देखा
जिस सुबह का इन्तज़ार था
ये वो सुबह तो नहीं।

आस

अपना एक नाम भर हूँ
खुद का परिचय भी नहीं

तुमसे मिलने की चाहत करूँ
इतना भी तन्हा नही

ज़िन्दगी में एक आस बची रही
आजकल उसी को ख़र्च रहे हैं

रहता तो इसी कफ़स में पर
ये मेरा मुकम्मल पता नहीं

जब से बेदख़ल किये गये हैं
लापता रहते हैं अपने पते पर

बड़े शौक़ से जी है ज़िन्दगी
क्यों बेनूर सी लगने लगी है

मेरी छोटी छोटी ख़्वाहिशें रही
फिर भी मेरी जद से बाहर रही

वो कहते है कि मर क्यों नहीं जाते
कहने की बात न थी पर कही गयी

चाह

एक चाह रही
कि मेरा भी एक पता हो
डाकिया मेरे घर चिट्ठी लाये
मैं अपने बग़ीचे को सींचूँ
कुछ रंग मेरी ज़िन्दगी में आये
मेरी ये छोटी छोटी इच्छायें रही
फिर भी मेरी ज़द से बाहर रही
मैंने दायरा बड़ा कर लिया है
ज़माने का चलन सीख लिया
मेरी इच्छायें सम्पूर्ण हैं, फिर भी
एक इच्छा बाक़ी रहेगी
न जाने क्यों?

बदरंग दुनिया

बहुत बदरंग सी दिखती है
ये दुनिया ,कोई तो रंग भरे
बाहर बिखरी फिर अंदर से
बिखर गयी ये दुनिया
शौक़ से रोओ जो रोने का शौक़ हो
बद से बदतर होती जायेगी दुनिया
कौन भरेगा रंग कौन सँवारेगा दुनिया
हैं तो अनेक हाथ
किसी में कूँची नहीं रंग भी नहीं
है तो हर हाथ में सिर्फ़
ढाल है,तलवार है।

मेरे स्कूल का वृक्ष

मेरे स्कूल के ऐन सामने इमली का पेड़
उस पर असंख्य पत्थर मारे मैंने
ऊपर लटकती इमली की चाह में
आज फिर स्कूल आया वर्षों बाद
इमली का पेड़ वैसे ही खड़ा है
उसकी छाल पर अनगिनत घाव
कुछ नये कुछ पुराने
आज न इमली तोड़ने की इच्छा
न पत्थर उठाने का साहस
बूढ़े वृक्ष ने समझाया
जीवन में सम भाव से खड़े रहो
तुम पर पत्थर मारने वाले
ऐक दिन वापिस आयेंगे, तेरी तरह
फिर तेरी छाया में खड़े होंगे
इमली की इच्छा से विमुख
जो ऐसा करे उसे देना
सम भाव का महात्म
जो फिर पत्थर मारे
उस मूर्ख को इमली दे देना।

माया और छाया

पर्यावरण दिवस पर
मैंने अपने सारे वृक्ष बेच दिये
यहाँ तक आँगन का पेड़ भी
उन्होंने मेरे वृक्ष काष्ठ से
सुन्दर शयनगृह बनाया
मैंने उन्हें वहाँ निर्जीव देखा
मेरे वृक्ष , मेरे अपने
किसी कुर्सी का पैर,किसी की टेक
अपनी छाया से विहीन
वो रो भी नहीं रहे थे
मेरा उपवन मेरा आँगन
अब दोनों मुझ से बोलते नहीं
माया आयी तो छाया गयी
अगर यह प्रगति है?
तो मैंने प्रगति की है!!

आकाश

मेरे वस्त्र फटे है,मैं जानता हूँ
उनमें से जो दिख रहा है,मेरा तन है
उसके नीचे मेरा कुचला मन है
जो माँगता है मुझसे सारा आकाश
मेरी चाह, सिर्फ़ मुट्ठी भर आकाश
मुझे वो भी न मिला
जानिये अगर किसी के पास
है सारा आकाश
तो उसमें सम्मिलित है
मेरा मुट्ठी भर आकाश
जो दिया नहीं लिया गया
मेरे वस्त्र फटे हैं,मैं जानता हूँ
और क्यों?
ये तुम अब जानते हो

बेचैन

कुछ कमी सी लगती है
आँखों में नमी सी लगती है।

अब और देखा नहीं जाता
हाथों की लकीरों रुसवा होना।

मेरी शोहरत का ये आलम है
अपनी पहचान बतानी पड़ती है।

जानें क्यों विश्वास नहीं होता
कि हम वही है जिनका
अब चर्चा तक नहीं होता।

बेख़्याली में भी ये ख़्याल रहता है
कि अब हमें कोई नहीं चाहता।

क़फ़स तो हमारा ही है
बड़े बेचैन रहते है इसमें

यादें

कोई मेरा आसरा क्यूँ देखे
खुद बेबुनियाद सा मकाँ हूँ

कल ही तो मन को समझाया था
फिर यादों भरी रात सामने थी

तुमने शब्द कहे थे
मैं बाणों की शय्या पर हूँ

तुमने सब कुछ कह दिया
माया मोह सब ख़त्म किया

तुम्हारी आँखों में शोले देखे
ऐसा मैंने क्या किया

मत कहो कि मैं कुछ करता नहीं
ज़िंदा हूँ , रोज़ सोने का अंडा देता हूँ ।

बोझ

क्यों हम घर के खूँटों
दीवारों से बंध जाते हैं?
क्यों इतने निरीह हैं
पराई पीर पराई ही रही?
क्यों हम निःशब्द हो जाते है
जब कुछ कहना ही
वक़्त की ज़रूरत हो?
क्यों हम वही करते हैं
जिसकी रवायत है?
क्यों हम वो नहीं करते
जिसकी हमको ज़रूरत हो?
हर जज़्बा अपने अन्दर समेटे
क्यों एक बोझ लिये फिरते हैं?
सोचता हूँ कि आज सब कह दूँ
कि एक बोझ उतर जाये
जानता हूँ कर नहीं पाउँगा
मैं कह नहीं पाऊँगा
ऐक शिकायत है
खुद से।

कविता

कोई नहीं जानता
कविता
कहाँ से आती है?
वह तो दबे पाँव
मन में बस जाती है
हो सकता है
बहुत दूर से आती हो
सितारों की दुनिया से
सजी हुई सितारों की
झिलमिल धूल से
मैं तो यूँ ही
क़लम उठाता हूँ
कविता मुझ में बस जाती है
फिर कविता
मेरी हो जाती है
बस कविता हो जाती है।

मैं भी कहीं हूँ

किसी नदी के किनारे खड़ा
कोई मज़ार तो नहीं
अपने दर्द का पड़ाव भर हूँ
समय के बीच दबा
सूखा फूल भर हूँ
जो अब याद नहीं
वो भूली बात भर हूँ
एक निशाँ भर हूँ
एक लम्हा भूर हूँ
इस दुनिया में
मैं भी कहीं हूँ।

नाकाफ़ी रहे

ज़िन्दगी भर चलते रहे
और मंज़िलें सरकती रही
जीवन भर सफ़र में रहे
फिर भी रह गये फ़ासिले
मेरे क़द के हिसाब से
मेरे डग रहे, हैराँ हूँ कि
कितने नाकाफ़ी रहे।

ग़रूर

गुरूर अगर है
तो जान लो
मुट्ठी भर राख हो तुम
और क्या ख़ाक हो तुम
जो चल जाये वक़्त की आँधी
उड़ उड़ कर बिछेगी
यूँ तेरे मेरे पैरों तले
और जो रास्ते की धूल हो...
रास्तों में ही बिछ जाओगे
ग़रूर अगर है तो जान लो।

शान्ति

न ज़मीं चाहिये न आसमाँ चाहिये
चाहिये तो यमन में शान्ति
चाहिये तो सीरिया में शान्ति
बर्मा के रोहिंगिया के लिये शान्ति
मुझे इन सब शरणार्थियों की
वतन की वापिसी चाहिये
इंसां गर है तो हमें इंसान सा
दिखना भी चाहिये
समझते क्यों नहीं
उजड़ने का दर्द
सड़क के किनारे धूल में सने
उस रोते हुये अनाथ बच्चे
के लिये इंसाफ़ चाहिये
सीना लिये जो फिरते है हम
उसमें महसूस करने वाला दिल चाहिये
न ज़मीं चाहिये न आसमाँ चाहिये।

मैं जो था वही हूँ

बीते दिन बीतते नहीं
पीछे चले जाते हैं
याद बन जाते हैं
अच्छा लगता है
उनसे जुड़ना
वो ठंडी सुबह
सूर्य की हल्की तपिश
थॉमस हार्डी की
फॉर फ्राम मैडिंग क्राउड
की नायिका की
किशोर कल्पना
वास्तविक कैनवस
वो बेफ़िक्र ठहाकों
का कोलाहल
फिर कॉलेज
मित्रों का कोलाज
अज़ीब सा रिश्ता
मिलो तो लगे
कभी बिछड़े नहीं
अब लड़की लड़के
फर्क नहीं

जानते कि
विषदन्त नहीं
कहीं कोई
अकेला नहीं
सिर्फ उन्माद
आज बहुत मसरूफ है
बहुत अकेले भी
उन्माद चाहिये
पुराने दिन याद
कर लेते हैं
मेरी यादों को
दीमक न लगे
मैडिंग क्राउड में
जाने का मेरा
एकमात्र साधन
इतना दूर निकल
आया हूँ
हार्डी साहब
आपके उपन्यास
का पात्र सा बन
मैं
फॉर फ्राम मैडिंग क्रउड
हो गया हूँ
मैं सच कहता हूँ
मैं जो था वही हूँ
जो आज हूँ
वो मैं नही
कह दिया ताकि
सनद रहे।

अटूट प्रेम

एक फूल खिला मेरे उपवन में
मैनें सहेज लिया
उस पर छांव की
पानी दिया
उस निरीह से प्यार,
असीम प्यार हुआ।
एक दिन देखा
वन में सहस्त्र फूल
सब तुम्हारे जैसे
तुम सिर्फ़ मेरे लिये हो,
यह मेरा दर्प था
मेरा दर्प टूट गया।
मेरा प्रेम न गया
मैंने जाना सुन्दर
आवरण नहीं,
सुन्दर तो चेतना है
इस लौ ने आवरण
भस्म कर दिया
दिखने लगी नग्न चेतना

तुम्हारे लिए
मेरे अटूट प्रेम
का स्त्रोत
तुम सिर्फ़ मेरे क्यों हो
जान गयी हूँ।।

ठोकर

क्या बेफ़िक्री का ज़माना था
तुम लोगों के घर आना-जाना था
समीर तेरी मेरी आक्सफ़ोर्ड की वाक्स
दादा के खोके में खिंचते कश
कहाँ खो गये भाई लौट आओ
पिक्चर अभी बाकी है मेरे दोस्त।
अनिल तुम्हारा एयर इंडिया वाला सूट
मैनें काट छाँट के अपना बना लिया था
दूर तुमने ठिकाना बना लिया है
कभी जमीन पर उतरो, मिलना है।
अजय हमारी सब हरकतों में शामिल
पर लिप्त किसी में न था
अब मसरूफ़ हो कितने
हमारी हर हरकत से दूर
मन करता है मिले फ़िर
उस पुराने समय के लिये
जब औरो की ठोकर में ज़माना था पर
हमारी ठोकर से सूरज का आना जाना था।।

सपना

चार आँखों ने एक
सपनासंजोया
उन्हें चार हाथों ने
साकार किया
फिर जो हाथ
की पकड़ में थे
वो रेत से
फिसल गये
इतने दूर
आवाज़ के परे
जो एक आवाज
पर दहलते
अब नही
पिघलते
जिन्होनें उन्हें बनाया
अब वे उनको बनाते है
ये दूरदर्शी
विवशता से परे

देखते है
बुझी आँखों की
व्याधि
आँसूओं के लिये
धुएँ को ढूँढते है
जिनसे सीखा
फ़ोन पर
सीख देते है
पर स्पर्श की
भीख नहीं देते
इनके
अपने मापदण्ड
ईश्वर के पास केवल दंड
वो चार हाथ
फिर जुड़े
प्रभू
क्षमा
ये मेरे है
मेरे जैसे
मेरे अंश
दंड मुझे
सिर्फ़ मुझे।

देवी माँ

अगर तुम माँ हो
क्यों नही है तेरी ममता का मोल
अगर देवी हो
क्यों दूषित होती हो मानव से
अगर मोक्षदायिनी हो
क्यों अपना अस्तित्व खो रही हो
अगर स्वर्ग से आयी हो
क्यों ये नर्क सा है तेरा जीवन
अपने दो किनारों के मध्य
क्या है तेरा पूर्ण परिचय
माँ हो तो फूटफूट कर रोओ-
देवी हो तो शॉपित करो
और अगर सिर्फ नदी हो
तो सूख तो सकती हो
सरस्वती के मानिन्द्।।

सफर

हम कुछ और साथ चल सकते थे
वक़्त जो चाल न बदलता
कितने अलग हो गये रास्ते
बहुत सामान मेरे पास भी है
एक पुरानी फ़ोटो चारों की
आँखों में कितनी चमक थी
भविष्य के सुन्दर सपनों की
कहाँ पहुंचे?
कितना छीन लिया इस सफ़र ने
अब समेटे भी गये
तो कूड़ा कहलायेंगे
न ओढ़ने लायक़
न बिछाने लायक
जिल्द उतारे तो नज़र आयेगा
फ़ोटो से झाँकता चेहरा
बताता वापसी का रास्ता
कोई आना चाहे तो।।

घोंसला

कभी अपने घोंसले को देखता हूँ
वो हज़ारों यात्रायें याद आती है
और याद आती है
हर यात्रा के साथ जुड़ा वो
हर तिनका
जो मैनें अथक परिश्रम से जोड़ा
अब अपना प्रारब्ध देखता हूँ
अपना घोंसला खाली देखता हूँ
मेरे अपनों की ऊँची उड़ान
अपनी आयु की ढलान देखता हूँ
अपने निढ़ाल परो को तोलता हूँ
फ़िर गगन का साहस देखना है
मुझे जूझना है
मेरे अपनो अब तुम्हारे लिये न सही
अपने लिये तो दाना जुहाना है।।

सुबह ढूँढूँगा

अपनों की उड़ान देखता हूँ।
फ़िर अपने अशक्त पर
बिछुड़ना किस को भाता है
सशक्त
ये प्रार्थना है
मेरे परों को नये हौसले दे
हौसलों को नये इरादे दो
सब की अपनी सुबह है
मैं खुद अपनी
सुबह ढूँढूँगा।

आइना

कैसे ये मंज़र बदल गया
आइने में मेरा अक्स बदल गया
चेहरे की हर सलवट
करी हर भूल का बहीखाता
वही तो किया ज़िन्दगी
जो तूने मुझसे कराया
मुझे कम आँकने की
अब क्यों ये साज़िश है?
मुझ बेबस को अब
क्यों आइना दिखाती हो?
हौसला है
तुझको फ़िर से
जी सकता हूँ
ज़िन्दगी।

अहसास

अंधेरो से छनकर आती रौशनी
कहीं सवेरा हुआ होगा
सफ़र का ये कैसा अकेलापन
कोई अपना छूट गया होगा
आँखों में ये कैसी नमी
कुछ पुराना याद आ गया होगा
फ़िर हमसे वो मिला नहीं
पता खो गया होगा
सच में पास हो
यूँ ही अहसास हुआ होगा
सब कुछ तो पहले जैसा है
मुझे ही कुछ हुआ होगा।

बाबूजी

बाबूजी नहीं रहे
निष्पंद ज़मीन पर लेटे
जीवन भर क्लीन शेव्ड रहे
अस्पताल में उग आयी मूँछे
फब रही थी, अच्छे लग रहे थे
फिर उठा के ले चले लोग
फूल मखाने बरसने लगे
बछिया सड़क पर गिरे फूल
हुलक हुलक के खाने लगी
राम नाम सत्य है की गूँज
अपने विश्वास को टटोलता
क़ाफिला जा पहुँचा शमशान
फ़लसफा जीवन का बहने लगा
गीता का बखान करते करते
बछिया दान से कन्नी काटते
कई उपदेशक समय से पहले
सटक गये बाबूजी के सामने
बाबूजी कम से कम होते गये
बिल्कुल भी शेष न रहे अंततः।।

याद

श्राध माह
माँ पिताजी
क्या कहूं
ठीक तो हो
क्या कहना ठीक होगा
तिथि पुण्य है
पर पुण्य काम नही होता
विडम्बना है
और यह भी कि
सहमत होने के लिये
जीवित होना ज़रूरी है
विडम्बना है
तुम्हारी गीता
रोज़ तो नही
कभी कभी पढ़ती हूँ
समय तो गये आपके
बहुत हुआ
पर आँखों को न जाने क्या हुआ

भर भर आती है
याद को न जाने क्या हुआ
बार बार आती है
मेरा अर्पण पहुंचा की नही
आप बताते नही
मेरे चिट्ठी न लिखने
पर कितना डॉटते थे
अब अपना कुछ नही
आप पेंशन से डरते थे
पेंशन का कागज
आपको डर न लगे
गीता में
रखा है
अब तुम्हारे जैसी दिखाने लगी हूँ
छोटा कहता और सुंदर दिखती हो
जैसे मैं तुम्हे कहती थी
आप
लोगों के चरण स्पर्श
करती रहती हूँ
आशीर्वाद देते रहना मैं
भूळ भी जाऊँ तो
अर्पण खा लेना सगय से
क्या ये कहना बेमानी है?
रीति है तो निभानी है
या दिल से प्रीत लगानी है

एक आह

बबूजी का सिर्फ़ निधन होता
उनका दिवालियापन छुपा रहता
ऐसा हो न सका
दो आँसुओ को मोहताज
ऐसे हुए वो रूखसत
वो ग़रीब हो सकते थे
पर मुफ़लिस हरगिज़ नहीं
फिर क्या सबब था
अपनों की बेरूखी का
फिर यूँ तो विसर्जन होना था
हम तो फेंक कर आ गये
अगर दिल ही न दुखा
कोई आह न निकली
तो और क्या कहें
गंगा मय्या तू साक्ष्य भी है
साक्षी भी और सनद भी
एक आह और दो आँसुओं
का एक हकीर सा फ़र्क़
ही तो है।।

सोचा न था

हमने कभी सोचा न था
कि तुम ऐसे भी याद आओगे
आँखें यूँ नम कर जाओगे
मैनें औरों की तरह सोचा
तुम्हारे बारे में
तुम याद आये अपनों से
बचपन की याद की तरह
आज तुम्हारी बरसी
भी हो गयी
चलो ये क़िस्सा भी
ख़त्म हुआ
अब कोई काम तुम्हारा
बचा नहीं
दिवार पर तस्वीर हो
अब एक क़तार यादों की
यहाँ से शुरू होगी।।

दुःख है

तुम आज नाये परिधान में थी
चित्र न बना सका
दुख है।
तुम ने प्रेम से देखा
मैं समझ न सका
दुख है।
तुम्हारे हर आग्रह में प्रेम
को मैंने बंधन समझा
दुख है।
तुम जो मेरी हर
बात का मान रखती हो
हर क्षण को मायने देती
सुश्री
तुम मेरी सब कुछ हो
बता न सका
दुख है।